AF235868

Entwicklungspsychologie für Einsteiger

Wie Sie die Entwicklungsstufen vom Säugling bis zum Erwachsenen leicht verstehen und die Erkenntnisse gezielt in Ihrem Leben oder Ihrer Kindererziehung anwenden

Maria Kiemer

INHALT

Das erwartet Sie in diesem Ratgeber

Wer sind wir? Oder vielleicht genauer: Warum sind wir, wer wir sind? Das hängt ganz davon ab, wen Sie fragen, aber die meisten dürften sich einig sein – unsere Identität wird maßgeblich durch unsere Erfahrungen bestimmt. Dazu gehören persönliche Höhepunkte, wie die erste Liebe, allerdings auch persönliche Krisen und der Umgang mit unseren tiefsten Ängsten. Im Grunde genommen spielt es für unseren persönlichen Lebensweg vor allem eine Rolle, welche Strategien wir einsetzen, um solche ganz besonderen

Herausforderungen überhaupt meistern zu können. Wenn wir erfolgreich sind, welchen Faktoren schreiben wir diesem Erfolg zu – unserem eigenen Können oder bloßem Glück? Wenn wir in einer Krise stecken, bleiben wir lieber auf unserer Ratlosigkeit sitzen oder bitten wir jemanden um Hilfe?

Sie mögen jetzt überrascht sein, dass solche Fragen weniger um den einzelnen Menschen kreisen, als es vielleicht den Anschein hat. Wie wir mit Konflikten umgehen, hat vor allem etwas damit zu tun, von wem wir lernen und auf wen wir uns vollkommen verlassen können. Die Entwicklungspsychologie beschäftigt sich genau mit solchen Fragen und damit, was wir aus wissenschaftlicher Perspektive am besten tun können, um sowohl Kinder auf ihrem Lebensweg zu begleiten als auch unsere eigenen Lebenskrisen zu verstehen und letztendlich zu meistern.

In diesem Ratgeber gewinnen Sie einen leicht verständlichen Überblick über moderne Entwicklungen in der Entwicklungspsychologie und inwiefern diese auf Ihren persönlichen Alltag übertragbar sind. Im Anschluss erhalten Sie einen Leitfaden, mit dessen Hilfe Sie nachvollziehen können, was einen Menschen an welchem Punkt seines Lebens psychologisch betrachtet besonders beschäftigt, und umsetzbare Tipps, wie man dabei eine helfende Hand anbieten kann. Egal, ob Sie verstehen möchten, warum Ihre Tochter in letzter Zeit so aufgebracht wirkt oder Sie sich momentan etwas ratlos fühlen und gern von außen eine neue Perspektive auf Ihr Leben wünschen – mit diesem Ratgeber wird Ihnen die menschliche Psyche so glasklar vorkommen wie noch nie.

Was ist unter „Entwicklung" zu verstehen?

FRÜHERE FORSCHUNG VS. HEUTIGER STAND

Die Entwicklungspsychologie ist ein wissenschaftliches Fach, welches unterschiedliche Aspekte des menschlichen Verhaltens und Erlebens beschreibt und zu erklären versucht. Im Zentrum steht die Frage danach, warum sich Personen unterschiedlich entwickeln und wie diese Entwicklungsabläufe zu systematisieren sind. Die Entwicklungspsychologie beschäftigt sich vordergründig mit der kindlichen Entwicklung und arbeitet eng mit anderen

Disziplinen zusammen, die in diesem Aspekt Überschneidungen anbieten, zum Beispiel mit den Erziehungswissenschaften und Neurowissenschaften. Aus diesem Grund gibt es mehrere Erklärungsansätze, die soziologische und biologische Annahmen miteinander kombinieren.

Klassische Streitfragen der Entwicklungspsychologie beschäftigen sich beispielsweise mit der Frage, ob unsere Entwicklung eher durch unsere genetischen Anlagen oder durch unsere Umwelt beeinflusst wird *(nature vs. nurture)*. Die meisten modernen Entwicklungspsychologen sind sich einig, dass beide Faktoren wichtige Rollen spielen. Verschiedene Zwillingsstudien unterstützen die Annahme, dass die Genetik bereits vieles von Anfang an mitbestimmt. Eineiige Zwillinge, die bei der Geburt zur Adoption freigegeben und von verschiedenen Haushalten adoptiert wurden, waren Gegenstand langjähriger Forschungen, die die Kinder bei ihrer Entwicklung beobachteten und die Ergebnisse miteinander verglichen, sobald die inzwischen erwachsenen Zwillinge zueinander Kontakt aufnahmen. Es ergaben sich schockierende Parallelen in ihren Biografien, wie zum Beispiel ähnliche modische Vorlieben, ähnliche Freundschaftskonstellationen oder ähnliche berufliche Entscheidungen, die sich durch keine bloßen Zufälle erklären ließen. Auf der anderen Seite werden Kinder maßgeblich durch das Elternhaus und ihr weiteres soziales Umfeld beeinflusst, in dem sie aufwachsen. Wie Kinder mit Konflikten umgehen und inwiefern sie in der Lage sind, Beziehungen zu pflegen, lernen sie im Umgang mit ihren Eltern und frühkindlichen Freunden. Berühmte Experimente der Entwicklungspsychologie bestanden zum Beispiel darin, Zweijährige in Stresssituationen zu beobachten, ob sie sofort die Beruhigung durch eine erwachsene Person suchten oder sich mit Zuversicht und Neugier einer neuen Situation aussetzten.

Mit der Zeit orientieren sich außerdem die Prioritäten eines Heranwachsenden[1] an den Prioritäten, die ihnen vorgelebt werden. Ein besonders markantes Experiment der Entwicklungspsychologie konnte bei den ungarischen Schwestern Judit, Zsófia und Zsuzsa Polgár beobachtet werden, die Mitte der Siebzigerjahre als Kinder von ihren Eltern Klara und László Polgár Schachunterricht erhielten. Das Ehepaar Polgár ging davon aus, dass Genies nicht geboren, sondern erzogen wurden.

---

[1] In diesem Ratgeber wird meistens die männliche Form als generelle Bezeichnung zur besseren Verständlichkeit verwendet. Natürlich treffen sämtliche Bezeichnungen, sofern nicht anders angegeben, auf alle Menschen zu.

Sie wählten das Schachspiel als Unterrichtsfach, weil sich auf diesem Gebiet anders als in der Kunst oder Musik gemachte Fortschritte und Strategien mathematisch berechnen ließen. Keiner der beiden besaß ein ausgeprägtes Talent für Schach, wohl aber eine tiefe Begeisterung für das Spiel. Alle drei Schwestern wuchsen zu Spitzen-Schachspielerinnen heran, die die zutiefst männliche Riege der Schachelite erreichten. Jede der Schwestern betonte später, dass bei ihrer Erziehung der Spaß am Spiel im Vordergrund stand und dieser sie letztendlich dazu motivierte, besonders viel Zeit in ihr Hobby zu stecken.

Diese frühen Übungsstunden auf freiwilliger Basis ermöglichten schon früh einen hohen Erfahrungsschatz und ebneten den Weg zur Weltspitze. Den Polgárs war damit ein entscheidendes Argument dafür gelungen, dass „Wunderkinder" vordergründig durch ihre Erziehung zu Experten auf ihrem Gebiet werden und dass Kinder lediglich gute Anregungen bekommen müssen, um ihr ganzes Können zu entfalten. Beide Faktoren, die Genetik und die eigentliche Erziehung, ergänzen sich also gegenseitig und sind sowohl aus entwicklungspsychologischer als auch aus pädagogischer Sicht bei der Kindeserziehung zu berücksichtigen.

Eine zweite populäre Streitfrage der Entwicklungspsychologie lautet, ob wir in puncto menschliche Entwicklung eher von einer phasenweisen oder von einer stufenweisen Entwicklung sprechen. Etwas deutlicher sei das anhand eines Beispiels ausgeführt: Stellen Sie sich vor, Sie gehen jeden Sonntag im Wald spazieren und wählen dabei immer denselben Weg. Eines Tages fällt Ihnen eine kleine Fichte auf.

In den folgenden Jahren verfolgen Sie das Wachstum dieser Fichte mit. Natürlich gewinnt sie an Umfang und an Größe, sie mag eine vollere Nadelpracht entwickeln, aber dennoch bleibt sie im Kern dieselbe Fichte, die Sie ursprünglich entdeckt haben. Darunter verstehen Entwicklungspsychologen eine *kontinuierliche Entwicklung* – es finden keine dramatischen Umbrüche statt, der Baum gewinnt lediglich an Kraft. Anders ist es zum Beispiel bei Schmetterlingen, die als Raupen schlüpfen, ein Verpuppungsstadium durchlaufen und ihren Kokon als ausgewachsene Schmetterlinge verlassen. In diesem Fall sprechen Entwicklungspsychologen von einer *diskontinuierlichen Entwicklung*, weil zwei klar erkennbare Umbrüche im Erscheinungswesen und Verhalten des Schmetterlings stattgefunden haben. Was glauben Sie, welchen Entwicklungsprozess der Mensch durchläuft? Und bevor Sie sich spontan für eine Möglichkeit entscheiden, halten Sie einen Moment inne. Ist die Geschlechtsreife nun bloßes Wachstum oder ein dramatischer Umbruch? Wie steht es mit der mentalen Entwicklung, die in beiden Beispielen überhaupt nicht angesprochen wurde? Wenn wir von dramatischen Umbrüchen sprechen, an welcher Stelle unserer Entwicklung siedeln wir diese dann am besten an? Sind Sie im Kern noch derselbe Mensch, der Sie vor 20 Jahren waren?

Die meisten namhaften Entwicklungspsychologen stellten Modelle auf, welche sich an einer phasenweisen und aufeinander aufbauenden Entwicklung orientierten. Vor dem 20. Jahrhundert setzten sich namhafte Denker wie Jean-Jacques Rousseau mit dem Spannungsfeld zwischen Selbstständigkeit und wohlmeinender Anleitung auseinander, von denen ein heranwachsendes Kind gleichermaßen profitieren sollte. Aus dieser Epoche geht auch die Idee des Kindergartens hervor, in dessen Rahmen Kinder buchstäblich lernen, wie sie wachsen und sich geistig entfalten können. Erst zusammen mit dem steigenden Einfluss der Psychologie auf die Geistes- und Naturwissenschaften im frühen 20. Jahrhundert konnte aber ein echtes Standbein für die Entwicklungspsychologie etabliert werden.

Jetzt konnten konkrete Hypothesen aufgestellt werden, die durch psychologische Experimente überprüft werden konnten.

Karl Bühler, der in dieser Zeit an der Technischen Universität Dresden lehrte, entwickelte eine der ersten modernen Alterstypologien für Kinder. Wie spätere Entwicklungspsychologen auch orientierte er seine Phasenabgrenzung an beobachtbaren Aktivitäten, die Kinder in verschiedenen Lebensaltern hauptsächlich verfolgen – neugeborene *Säuglinge* sind auf die Nahrungsaufnahme fixiert, kleinkindliche *Läuflinge* verfolgen mit Begeisterung ihre wachsende Beweglichkeit und im *Märchenalter* leben Vorschulkinder ihre Fantasien und Neugierde im sozialen Austausch miteinander aus. In Jean Piagets vierteiliger Theorie der kognitiven Entwicklung, welche von Erkenntnis-philosophischen Ansätzen beeinflusst wurde, erwerben Kinder erste motorische Koordination und entwickeln Vorstellungen von Objekten sowie stufenweise die Fähigkeit zum logischen Denken, das sie abhängig von ihrer Entwicklungsstufe unterschiedlich gut demonstrieren. Kinder müssen erst in der Lage sein, zwischen belebten und unbelebten Objekten zu unterscheiden sowie das Konzept des Abstrakten, also zum Beispiel Additionsaufgaben, verstehen, bevor sie komplexere Probleme logisch lösen können. Piaget überprüfte seine Thesen anhand praktischer Experimente, an denen Kinder beteiligt waren, und genießt aus diesem Grund weiterhin eine gewisse Wertschätzung in psychologischen und pädagogischen Kreisen. An beiden Modellen wurde bereits kritisiert, dass sie von klar abgegrenzten Phasen sprechen, während eigentlich von fließenden Übergängen gesprochen werden sollte.

Wenn man sich das menschliche Gehirn anschaut, sollte klar sein, warum unsere Entwicklung mehr wie ein Fahrstuhl als eine Treppe betrachtet werden sollte. Neuronale Netzwerke zeichnen sich durch ständige Neuverknüpfungen aus, die bei vernachlässigter Nutzung abgebaut werden. Je früher man anfängt, eine bestimmte Fähigkeit zu üben, desto größer – sprich: besser vernetzter – werden die betreffenden Hirnareale. Das liegt vor allem daran, dass junge Gehirne formbarer sind und neue Informationen im Schnitt zwei- bis dreimal besser aufnehmen als betagtere Gehirne (siehe Baltes & Kliegl, 1992). Weil jeder Lernprozess auf vorhandenem Wissen basiert, erleichtern erweiterte Wissensstrukturen das Erlernen von damit verwandten, aber neuen Informationen und Fähigkeiten. Wenn diese Wissensstrukturen beispielsweise Krankheiten oder Unfällen zum Opfer fallen, ist jedoch nicht unbedingt davon zu sprechen, dass der Mensch automatisch in eine vorangegangene Entwicklungsphase zurückfällt. Die US-amerikanische Politikerin Gabby Giffords wurde 2011 Opfer eines Terroranschlags, bei dem eine Pistolenkugel eine ihrer Gehirnhälften durchdrang. Ihre Rettung bestand darin, dass die Kugel die andere Gehirnhälfte verfehlt hatte. In der Folge verlor sie ihre Sprechfähigkeit, nicht aber ihre Fähigkeit zum logischen Denken oder ihre früheren Erinnerungen. Auch ihre musikalischen Fähigkeiten waren intakt geblieben. Sie trainierte sich durch lange, harte Arbeit ihre Sprachfähigkeit wieder an. 2020 hielt sie live eine Rede, mit der sie bewies, welchen weiten Weg sie seit dem Anschlag auf ihr Leben zurückgelegt hatte.

Wenn Sie sich an Bühlers oder Piagets Modell orientieren, dürfte klar sein, dass Giffords niemals wirklich auf dem Stand eines Kleinkindes war – sie hatte lediglich die dafür nötigen neuronalen Netzwerke verloren und baute sie anschließend wieder in Einzelarbeit auf. Herausforderungen, die wir an einem früheren Punkt in unserer Entwicklung hatten, können sich jederzeit wieder stellen. Der Mensch ist ein erstaunliches Produkt der Natur und kann einige dieser Herausforderungen meistern, ohne seine Reife als erwachsener Mensch zu verlieren.

Die Entwicklungspsychologie ist ein überaus weites Feld und kann in diesem Ratgeber nicht in seinem vollen Umfang dargestellt werden. Die meisten Experimente beschäftigen sich mit der frühkindlichen Erziehung und in ihrem Kontext mit der Entwicklung von Motivation, Erwartungshaltungen und Lernstrategien. Die Forschung des 21. Jahrhunderts konzentriert sich stattdessen auf lebenslange Entwicklungs- und Lernprozesse und bezieht inzwischen die Rolle multimedialer Einflüsse, also des Fernsehens und Internets, in seine Hypothesen rund um die menschliche Entwicklung ein. Verschiedene Modelle wurden erweitert und neu entwickelt, um Raum für die Rolle der moralischen Erziehung und der individuellen Charakterzüge zu schaffen.

Weiterhin wird inzwischen infrage gestellt, ob wir einheitliche Modelle auf sämtliche Menschen unabhängig von ihrer Generation und ihrem Kulturkreis anwenden können – neuere Erkenntnisse weisen darauf hin, dass dies zu einigen Irrtümern führen kann. Vergleiche zwischen europäischen und asiatischen Erziehungsstilen haben beispielsweise gezeigt, dass die Rolle der Individualität in asiatischen Haushältern eine deutlich weniger wichtige Rolle spielt als im Westen. Damit sei nicht gesagt, dass in diesen Kulturen das

Individuum als solches verachtet wird; vielmehr wird eine stärkere zwischenmenschliche Beziehung zwischen einem selbst und der Familie empfunden, der man angehörig ist.

Die Bedürfnisse der Familie besitzen eine besondere Rolle und es wird tendenziell nicht als großes persönliches Opfer gesehen, Kompromisse einzugehen, um diese familiären Bedürfnisse zu erfüllen. Im Kontrast zeigen sich europäische und andere westlich geprägte Kulturen deutlich stärker auf die Unterschiede zwischen einem selbst und der Umwelt bezogen. Das Individuum definiert sich darüber, was es von anderen unterscheidet und feiert diesen Unterschied als etwas Besonderes. Solche Einflüsse müssen in der Entwicklungspsychologie berücksichtigt werden, damit entsprechende neue Ansätze den vielfältigen Erziehungsansätzen auf der Welt gerecht werden können.

Jede Generation wird darüber hinaus von einem einschneidenden Ereignis oder einer neuen Technologie geprägt, ob es sich nun um das Durchleben einer Pandemie oder die Entwicklung des Smartphones handelt. Linguisten weisen darauf hin, dass unsere individuelle Muttersprache nachhaltig unser generelles Sprachverständnis und unsere Emotionalität beeinflusst. Die ideografische Forschung interessiert sich vor allem für Unterschiede in der kindlichen Entwicklung und findet auf neueren Grundlagen immer bessere Anwendung. Es ist davon auszugehen, dass auf uns noch vielerlei Entdeckungen warten, wenn es darum geht, die menschliche Entwicklung zu entschlüsseln.

WARUM DAS ERIKSON-MODELL WEITERHIN EINEN GUTEN LEITFADEN DARSTELLT

Wenn die postmoderne Entwicklungspsychologie die meisten vorangegangenen Modelle hinterfragt, warum mache ich Sie dann im Folgenden mit einem Modell bekannt, das erstmals 1950 veröffentlicht wurde? Gibt es nicht inzwischen modernere Modelle, die zum Beispiel den nachhaltigen Einfluss des Internets auf unsere Entwicklung aufgreifen? Selbstverständlich gibt es die. Das Problem besteht darin, dass sich die betreffenden Modelle meistens auf einen Haupteinfluss auf die Entwicklung konzentrieren, andere Aspekte aber vernachlässigen. In manchen Modellen dominiert der soziopolitische Kontext, in dem ein Mensch heranreift, in anderen wiederum wird von innerlichen Tugenden ausgegangen, die der Mensch besitzt.

Obwohl die Entwicklungspsychologie von ihren vielen Schnittstellen mit der Pädagogik und verschiedenen Geisteswissenschaften profitiert, dienen solche Modelle eher zur Unterstützung, um uns zu zeigen, dass die menschliche Entwicklung ein äußerst komplexer, lebenslanger Vorgang ist. Es ist sinnvoller, sich an einem Modell zu orientieren, welches sowohl psychologische als auch soziologische Ansätze zulässt. Erik Eriksons Stufenmodell der psychosozialen Entwicklung ist ein solches Modell und genau aus diesem Grund ein beliebter Ausgangspunkt für modernere Theorien. Obwohl es zu den betagteren Erklärungsansätzen gehört, fand es erst in den letzten Jahrzehnten seine wohlverdiente Beachtung und deckt genau wie die modernen Vorstellungen das gesamte Spektrum des Lebens ab.

Erik Erikson war ein deutsch-amerikanischer Psychoanalytiker, der im Rahmen seines Studiums Kontakt mit Theorien der Psychologie hatte. Zusammen mit seiner Ehefrau Joan Serson entwickelte er das gemeinsame Stufenmodell, welches sich drastisch von seinen ursprünglichen Einflüssen, namentlich Sigmund Freud, unterscheidet. Freuds Forschungen konzentrierten sich vor allem auf eine popularisierte Vorstellung von frühkindlichen sexuellen Neigungen,

Fixierungen und Neurosen. Während heutzutage eingeräumt wird, dass Freud die Rolle des Unbewussten gut herausgearbeitet hat, besteht Kritik besonders an den sexuellen Neurosen, die er für maßgeblich in jeder frühkindlichen Entwicklung hielt. Erikson stieß sich außerdem an Freuds Annahme, dass die Persönlichkeitsentwicklung bereits mit dem fünften Lebensjahr enden sollte – er sah deutlichere Argumente dafür, dass die Kindheit deutlich länger währt und auch Erwachsene in zukünftigen Situationen verschiedene Stadien der persönlichen Entwicklung durchlaufen.

Während Freud die menschliche Entwicklung eher von einem klinischen und pessimistischen Standpunkt betrachtete, weil er Persönlichkeiten für unveränderbar hielt, eröffnete Erikson durch seine Idee der lebenslangen Entwicklung das Feld für Optimismus; früher begangene Fehler können später logisch analysiert und vermieden, sogar zum Auslöser eines Erfolgserlebnisses werden. Die spätere Erweiterung der freudschen Psychologie legte besonderen Wert auf die sogenannte Ego-Psychologie, in der das Ich und seine Beziehung zu seiner Umwelt in den Vordergrund tritt. Eriksons Theorie ist eng verwandt mit dem letztgenannten Feld. Seine Thesen werden heute weiterhin gern aufgegriffen und weiterentwickelt:

• Der Mensch durchläuft bei seiner Entwicklung vor allem psychosoziale Phasen, d. h. seine geistigen und kognitiven Fähigkeiten werden im Austausch mit anderen erlernt und geübt.

• Jeder Mensch beschäftigt sich im Laufe seines Lebens mit acht Kernkonflikten, die ihm zu neuen Erkenntnissen über sich selbst und andere verhelfen und ihm die nötigen Kompetenzen vermitteln, um mit zukünftigen Konflikten umgehen zu können.

• In der frühen Kindheit ist der Mensch im Gegensatz zum Erwachsenen überhaupt nicht in der Lage, Objekte korrekt wahrzunehmen und zu bewerten. Die Kindheit wird somit definiert als die Abwesenheit von Fähigkeiten, welche allmählich durch zunehmend komplexere und differenziertere Prozesse erlangt und gemeistert werden.

• Die wichtigste Phase der Entwicklung besteht in der Pubertät, in der besonders viele innere wie äußere Konflikte ausgetragen werden.

• Die Kindheit ist dadurch gekennzeichnet, dass Fähigkeiten stufenweise angeeignet werden.

• Der Entwicklungsprozess wird überwiegend durch die vorhandenen Gene geprägt, Umweltfaktoren wie die unmittelbare Familie genau wie Kulturen und Technologien beeinflussen jedoch die Beschaffenheit sowie die Bewältigung verschiedener Konflikte. Erikson räumt ein, dass sich verschiedene Kulturen auch verschieden auf den Entwicklungsprozess auswirken. Trotzdem sagt er, dass jeder von uns „inneren Gesetzen" folgt, die unsere Herangehensweise an soziale Interaktionen mitbestimmt und dementsprechend kulturübergreifende Parallelen zwischen verschiedenen Erziehungsstilen zulässt.

• Eine gesunde Persönlichkeit eines Menschen besteht in einer aktiven Einflussnahme auf seine Umwelt, die Akzeptanz sämtlicher eigener Charaktereigenschaften sowie eine realistische Sicht auf sich selbst und seine Umwelt. Jede dieser drei Eigenschaften ist mit einer anderen verknüpft – um etwa aktiv meine Umwelt beeinflussen zu können, muss ich überhaupt erst eine realistische Vorstellung von mir selbst haben, also Vertrauen in meine eigenen Fähigkeiten und Verständnis für die eingegrenzte Rolle haben, die ich in meinem Umfeld einnehme. Beispielsweise ist es ungesund für mich, stolz aufzutreten und den gesamten Holzvorrat für den Winter kleinzuhacken, wenn ich überhaupt keine Kraft in den Armen besitze. Eine realistische Einschätzung meiner eigenen Fähigkeiten wiederum führt leichter zur Akzeptanz meiner eigenen Fehler und Mängel – ich mag vielleicht nicht der beste Holzhacker im Haus sein, bin aber dafür ein recht guter Koch. Es ist nicht nur aus praktischer Sicht viel sinnvoller, Abstand von zu großen Herausforderungen zu nehmen, sondern auch langfristig besser für die eigene Psyche.

• Die Persönlichkeitsentwicklung ist ein lebenslanger Prozess. In jeder Phase kann ein Mensch etwas Neues lernen, egal, wie alt und erfahren er ist.

Für diesen Ratgeber wurde das Modell nach Erikson als Leitfaden gewählt, der sich mit anderen Erkenntnissen der Psychologie überschneidet. Die einzelnen Phasen sind nicht klar voneinander abgrenzbar, weil Erikson von einer ineinander übergehenden Entwicklung ausgeht. Im folgenden Kapitel gewinnen Sie in kurzen, verständlichen Skizzen einen Einblick in die Psyche eines Menschen, von seiner Geburt an bis zum Lebensabend. Ich empfehle Ihnen, jeden Abschnitt zu lesen, da sich einige Konflikte im Verlauf des Lebens wiederholen können. Jeder Abschnitt enthält zwei bis drei

Tipps, die Ihnen dabei helfen werden, Umgangsstrategien für jedes Lebensalter zu finden – egal, ob Sie ein besseres Verständnis für die Entwicklung Ihres Kindes entwickeln wollen oder sich fragen, welche entwicklungspsychologischen Einsichten Ihnen selbst am derzeitigen Punkt in Ihrem Leben nützlich sein könnten.

Vom Kleinkind bis zum Erwachsenen – was uns innerlich bewegt

SÄUGLINGSALTER: UR-VERTRAUEN VS. UR-MISSTRAUEN

Wir beginnen, wie sollte es auch anders sein, ganz am Anfang – oder zumindest direkt nach der Geburt eines Kindes. Welche einschneidenden Erfahrungen ein Kind *im* Mutterleib macht, bleibt weiterhin noch ein gut gehütetes Geheimnis. Fakt ist: Kein Menschenleben beginnt in totaler Einsamkeit. Der Akt der Geburt ist ein einschneidendes Erlebnis sowohl für die Mutter als auch für das Kind, das sie zur Welt bringt. Haben Sie sich schon einmal gefragt, warum empfohlen wird, dass das Neugeborene möglichst rasch direkten Hautkontakt mit seinen Eltern bekommt?

Neben der äußerst förderlichen Freisetzung von elterlichen Hormonen wird vor allem die Psyche des Kindes unterstützt. Neugeborene können weder besonders gut sehen noch besonders gut hören, reagieren dafür aber umso besser auf menschliche Wärme und vor allem auf den Puls, dessen dumpfen Klang sie noch aus ihrer Zeit im Uterus kennen. Am wichtigsten für einen brandneuen und völlig orientierungslosen Menschen ist es, dass er sich an etwas festhalten kann, das ihm möglichst vertraut ist. Dies ist die erste große Krise, die ein Mensch in seinem Leben bewältigen muss: Er muss die Fähigkeit zu vertrauen entwickeln, damit seine Begegnung mit neuen Erfahrungen nicht langfristig von grundsätzlichem Misstrauen begleitet wird. Schwieriger gesagt als getan! Welche Möglichkeiten haben Sie selbst als Erwachsene/r, fremden Menschen oder Situationen Ihr Vertrauen entgegenzubringen? Vielleicht glauben Sie an die Goldene Regel und vertiefen Ihre Beziehung durch den direkten

Kontakt miteinander. Vielleicht sind Sie auch eher skeptisch und holen erst einmal Informationen über diese unvertraute Situation ein, zum Beispiel durch Gespräche mit Ihren Freunden oder eine mehrstündige Onlinerecherche. Vielleicht halten Sie sich Ihre Optionen möglichst offen und haben stets einen Plan B parat für den Fall, dass jemand Ihr Vertrauen tatsächlich enttäuscht. Jetzt versuchen Sie, sich in die Lage eines Säuglings zu versetzen. Dieser hat keinerlei Ahnung von Moralvorstellungen oder guter Etikette. Er kann ebenso wenig eine Gegenleistung für einen guten Dienst anbieten oder sich einer beängstigenden Situation selbstständig entziehen. Seine Kommunikationsfähigkeit beschränkt sich im ersten Lebensjahr auf das Schreien, mit dem er gleichzeitig seine Bedürfnisse mitteilt und um Hilfe bittet.

In dieser Phase ist jeder Ruf des Säuglings so zu verstehen wie ein *All in* – er setzt vollkommen auf die Hoffnung, dass seine Bezugspersonen Zuwendung zeigen und sich seiner Sorgen annehmen werden. Gleichzeitig lernt er so, dass seine Stimme im wahrsten Sinne des Wortes gehört wird und er direkten Einfluss auf seine Umwelt hat. Damit werden seine Sorgen gelindert und er kann lernen, seine vorübergehende Abhängigkeit als solche zu akzeptieren. „Hoffnung" ist die

Hauptzutat, um einem Kind Vertrauen beizubringen, damit das Kind dieses Vertrauen zukünftig jemandem entgegenbringen kann. Dieses Vertrauen ist wiederum die mentale Grundlage für jeden Lernprozess und jede emotionale Beziehung, die das Kind später eingehen wird. Wenn ein Kind kein Vertrauen entwickeln kann, so wird es sich in Krisensituationen vollkommen hilflos fühlen und niemals in der Lage sein, das Gute in anderen zu sehen; vor allem wird es aber auch das Gute in sich selbst nicht sehen können.

Was in dieser Phase besonders hilfreich ist:

✓ **Geben Sie Ihrem Kind ein möglichst stabiles Sicherheitsbewusstsein.** Wenn Ihr Kind den Kontakt zu Ihnen sucht, sollten Sie für diesen Kontakt empfänglich und verlässlich sein. Das bedeutet, Ihr Kind nicht „durch schreien" zu lassen. Dem landläufigen Tipp für junge Eltern entgegen lernt ein Säugling dadurch nicht etwa, sich selbst zu beruhigen. Viel wahrscheinlicher ist die daraus erfolgte Lehre für den Säugling, dass er mit seinen Problemen allein gelassen wird. Zeigen Sie also in dieser besonders empfindsamen Lebensphase, dass Sie reagieren können und stets reagieren werden, wenn Ihr Kind ein solches Bedürfnis zum Ausdruck bringt.

✓ **Nehmen Sie die Ängste Ihres Kindes ernst.**
Säuglinge können nicht differenziert zum Ausdruck bringen, welche Sorgen wirklich dringend sind (volle Windeln) und welche Sorgen es nicht sind (ein großer Schatten an der Wand). Es wäre Ihnen ohnehin zu raten, dass Sie jede Angst aus der Perspektive Ihres Kindes zu sehen versuchen. Fast jede Erfahrung ist neu und befremdlich und es gilt, mit ihr umzugehen zu lernen. Die meisten Probleme verlangen nach keiner überaus komplizierten Lösung, aber jedes Problem verlangt nach der Auseinandersetzung mit ihm. Zeigen Sie Ihrem Kind, dass keine seiner Sorgen unter Ihrer Würde als Bezugsperson liegt.

KLEINKINDALTER: AUTONOMIE VS. SELBSTZWEIFEL

Zwischen dem ersten und dem dritten Geburtstag eines Kleinkindes dominiert eine andere Frage sein Innenleben, nämlich die Frage nach seiner eigenen Autonomie oder Selbstständigkeit. Das Kleinkind hat gelernt, wie das Umfeld auf seine Hilflosigkeit reagiert. Inzwischen hat es eigene Fähigkeiten entwickelt – und zu den wichtigsten dieser neuen Fähigkeiten gehört zweifellos die Fähigkeit, seine eigenen Ausschei–

dungen regulieren zu können. Wer mit Sigmund Freuds Theorien ansatzweise vertraut ist, wird an dieser Stelle eine Parallele zur analen Phase entdecken können. In dieser Hinsicht hat diese Parallele ihre Berechtigung, da mit einer reiferen Muskulatur ein besseres Verständnis für (Selbst-)Kontrolle einhergeht. Kontrolle auszuüben bedeutet aber auch, Scham empfinden zu können.

„Scham" hat stets etwas mit dem Vorgang des Loslassens zu tun, egal, ob es sich dabei wortwörtlich um körperliche Ausscheidungen oder aber um verbale Äußerungen handelt. Etwas Peinliches kann uns schließlich in jedem Alter buchstäblich „herausrutschen". Insofern entwickelt also das Kleinkind eine besonders tiefe Beziehung zu seinem eigenen Körper, da eine mangelnde Kontrolle seiner Körperfunktionen sofort zu Schamgefühlen führt. Diese Scham setzt nicht erst nach dem eigentlichen Malheur ein, sondern dominiert auch im Vorfeld: Was könnte passieren, wenn ich meine Selbstkontrolle später verliere? Was habe ich vielleicht zu befürchten? Auch lange, nachdem der eigenständige Toilettengang erlernt worden ist, mögen solche Denkschemata bei Erwachsenen auftauchen. Manche von uns sind zerfressen von Ängsten, die uns innerlich schrumpfen lassen, die uns Magenkrämpfe bereiten und uns zum Zweifeln an uns selbst bringen. Wer möglichst früh lernt, mit solchen Impulsen umzugehen, hat später deutlich bessere Karten, mit Gefühlen der Unsicherheit umzugehen.

Was hier trainiert wird, ist die Fähigkeit der Willenskraft. Kleinkinder benötigen in dieser Phase eine klare Balance zwischen Autorität und Flexibilität von elterlicher Seite, um Zuversicht und Vertrauen in ihre eigenen Fähigkeiten entwickeln zu können.

Was in dieser Phase besonders hilfreich ist:

✓ **Treten Sie mit Bestimmtheit auf.** Während ein Kind erste Autonomie entwickelt, muss es gleichzeitig eine Autorität haben, an die es sich im Bedarfsfall wenden kann. Hier legen Sie den Grundstein dafür, dass Ihr Kind Autoritäten als solche erkennt und respektiert. Sie wollen eine Autorität sein, der Ihr Kind vertraut und an die es sich wenden kann, wenn es Gefahr läuft, Grenzen zu übertreten. So lernt es, Verantwortung für seine Handlungen zu übernehmen und mit Missgeschicken umzugehen.

✓ **Zeigen Sie sich von Ihrer flexiblen und geduldigen Seite.** Die Körpermuskulatur ist ein ebenso kompliziertes Instrument wie das Zusammenspiel von

Stolz und Scham. Entwickeln Sie ein Verständnis dafür, dass das Erlernen von Autonomie Zeit und Raum für Fehlschläge braucht, und gehen Sie dabei zusammen mit Ihrem Kind nicht sprunghaft, sondern schrittweise vor.

VORSCHULALTER: INITIATIVE VS. SCHULD

Etwa ab dem dritten Lebensjahr entwickelt ein Kind üblicherweise das Bedürfnis nach einem Ziel, welches es durch eigene Kraft erreichen kann. Wenn Sie einen Blick auf die beiden vorangegangenen Phasen werfen, ergibt das durchaus einen Sinn: Hilfe durch andere sowie Selbsthilfe wurden inzwischen idealerweise erlernt, das Kind weiß sich auszudrücken und selbstständig zu bewegen – nun gilt es, diese Fähigkeiten unter Beweis zu stellen.

Gerade im Austausch mit Gleichaltrigen, was zum Beispiel mit Geschwistern oder im Kindergarten passiert, werden jetzt Wünsche und Hoffnungen angeregt diskutiert und aneinander gemessen. Die kindliche Vorstellungskraft blüht in diesem Umfeld regelrecht auf, vermag es jedoch, unter Umständen auszuufern. Es können Ideen auftauchen, die dem Kind selbst

Angst einjagen, weil es bereits daran gedacht oder von ihnen geträumt hat. Es ist die Blütezeit der nächtlichen Monster und dem Entsetzen vor den eigenen Handlungsmöglichkeiten. Plötzlich werden ängstlich Fragen danach gestellt, was gut und was böse ist; ob ich ein böser Mensch bin, wenn ich Böses tue; ob meine Freunde mich weiterhin liebhaben werden, wenn ich schon einmal an etwas Böses *gedacht* habe ...

In diesem Alter entwickeln Kinder also ein vertieftes Verständnis für „richtig" und „falsch" und werden sich dessen bewusst, dass sie durchaus Dinge tun können, die später als falsch verstanden werden. Diese Vorstellung jagt ihnen Schuldgefühle ein. Um sich ein Ziel zu setzen, muss das Kind diese Schuldgefühle überwinden können, um mit klarem Selbstbewusstsein schwierigere Situationen anzugehen.

Was in dieser Phase besonders hilfreich ist:

✓ **Bringen Sie Ihrem Kind Vertrauen und Ruhe entgegen.** Sie haben eine weitaus bessere Perspektive auf das Zusammenspiel zwischen Richtig und Falsch, als Ihre Fünfjährige es an diesem Punkt haben kann. Sie stellen den emotionalen Gegenpol dar und ermöglichen es dadurch, dass Ihr Kind stressbehaftete Situationen besser verarbeiten kann.

✓ **Machen Sie Konsequenzen verständlich und vermeidbar.** Wichtig ist, dass Ihr Kind versteht: Grenzen existieren, um einen moralischen Kompass überhaupt erst entwickeln zu können. Wenn es etwas Falsches tut, zum Beispiel seinem besten Freund den Nachtisch wegzunehmen, muss mit Konsequenzen für dieses falsche Verhalten gerechnet werden. Natürlich möchte Ihr Kind unangenehme Konsequenzen vermeiden und wird dementsprechend sein Verhalten danach ausrichten. Indem Sie allerdings sachlich bleiben und der Zusammenhang zwischen änderbarem Verhalten und Konsequenzen offenlegen, wird Ihr Kind in der Lage sein, sich von seinen Handlungen zu distanzieren. Es wird verstehen, dass sein Selbstwertgefühl unverändert bleibt und es einen vollständigen Einfluss auf seine Taten hat. So entwickelt es ein wachsendes Selbstbewusstsein und baut die Fähigkeit aus, Verantwortung für sich selbst zu übernehmen.

GRUNDSCHULALTER: KOMPETENZ VS. MINDERWERTIGKEIT

Aus entwicklungspsychologischer Sicht wird dieser Lebensabschnitt mit unterschiedlicher Bedeutung angesehen – Erikson zufolge findet erst jetzt eine wirklich grundlegende Entwicklung der Persönlichkeit eines Menschen statt. Fähigkeiten und Kompetenzen, die jetzt entwickelt und geübt werden, können sich später am besten entfalten. Etwa ab dem sechsten Lebensjahr, d. h. also häufig zusammen mit dem Eintritt in die Grundschule, beginnen Kinder aus ihrer Fantasiewelt aufzutauchen. Sie legen jetzt verstärkten Wert darauf, etwas „Echtes" zu erschaffen, d. h. bestimmte Dinge zu vervollständigen und dadurch Zufriedenheit und Anerkennung zu gewinnen. Diese Anerkennung soll nicht nur vonseiten der Eltern, Lehrer und Freunde kommen, sondern ist auch ein innerer Prozess, in dem das Kind seine eigenen Fähigkeiten zu schätzen lernt.

Natürlich ist Anerkennung von außen leichter zu erkennen, vor allem durch den Umstand, dass Kinder in diesem Alter erstmalig mit Erfolgsbewertungen vertraut gemacht werden. Sie erhalten nun Schulnoten, ihre Erfolge und Misserfolge werden also für alle sichtbar eingeschätzt. Das führt zu einem besseren Verständnis, was ein Projekt gelungen oder misslungen macht, gleichzeitig aber auch zu einem gewissen inneren Druck. Eine Drei wird vom Kind nicht nur als eine „mittelmäßige" Leistung an sich verstanden, sondern auch als eine mittelmäßige Leistung im Klassengefüge selbst. Pädagogen verstehen diese Entwicklung auch unter dem Begriff der *sozialen Bezugsnorm*, in der das Kind nicht vordergründig anhand seiner individuellen Entwicklung, sondern an seinen Klassenkameraden gemessen wird. Manche Kinder mögen solche Wettbewerbssituationen und zeigen besonderen Ehrgeiz, wenn sie die Möglichkeit haben, im Vergleich gegen ihre Freunde zu glänzen. Wichtig ist aber, dass sie stets ihre eigene Entwicklung zu würdigen wissen und Geduld mit sich haben, wenn sie mehr Zeit benötigen, um Problemlösungen zu finden.

Das klingt nach einer belastenden Situation – aber wenn das Kind in den vorangegangenen Entwicklungsphasen Vertrauen, Autonomie und Selbstbewusstsein gelernt hat, so kann es mit diesem Stress angemessen umgehen und wird sein Selbstwertgefühl nicht an bloße Schulnoten hängen wollen. Auch im Erwachsenenalter ist überhaupt die Art und Weise, in der wir Lösungen für ein Problem zu suchen, eine auto–

matische Aussage über das Vertrauen in sich selbst. Kennen Sie das Gefühl, dass Sie glauben, etwas hat ohnehin überhaupt keinen Sinn? Warum etwas anpacken, wenn es doch wahrscheinlich sowieso nicht gut genug wird? Eine solche Einstellung lässt uns dann prokrastinieren, wodurch das betreffende Problem nur noch größer und schwieriger wirkt.

Ein Kind hingegen, welches Zeit und Mühe in seine Projekte investiert, ist ein Kind, das an seine eigenen Fähigkeiten glaubt. Im Vordergrund steht nicht der Gedanke an einen möglichen Misserfolg, sondern eine Orientierung in die Richtung, was machbar ist und was in welcher Zeit, realistisch gesehen, erreicht werden kann. In diesem Alter werden Sie in Nahaufnahme sehen können, ob Ihr Kind sich zu einem Optimisten oder eher zu einem Pessimisten entwickelt. Diese Einstellung hängt stark damit zusammen, inwiefern Ihr Kind daran glaubt, etwas aus eigener Kraft bewirken und verändern zu können.

Was in dieser Phase besonders hilfreich ist:
✓ **Legen Sie besonderen Wert auf die individuelle Entwicklung Ihres Kindes. Kinder** spüren bereits den äußerlichen Druck, sich in ihre Klassengemeinschaft einzufügen und gute Leistungen zu erzielen.

Fragen Sie danach, was Ihr Kind für sich gelernt hat und wie es mit (vorherigen) Misserfolgen umgehen möchte. Sollten Sie merken, dass Ihr Kind im Klassenvergleich Probleme hat, so ist das nicht automatisch ein Grund, Panik zu haben. Möglicherweise entwickelt Ihr Kind gerade eine andere Kompetenz oder muss das Problem erst von mehreren Seiten sehen, um es lösen zu können. Entscheidend ist, dass Ihr Kind lernt, Geduld mit sich selbst zu haben und seinen Lernprozess als etwas sieht, das Freude macht und einen für seine Mühe belohnt.

✓ **Hegen Sie realistische Erwartungen.** Kinder profitieren am meisten davon, wenn sie spüren, dass Sie ihrem Lernprozess aufmerksam zugewandt sind. Die Fähigkeiten Ihres Kindes zu unterschätzen („Das ist viel zu schwierig für dich!"), führt vielleicht zu Gefühlen der Minderwertigkeit, Überschätzung („Das machst du doch mit links!") mag wiederum dazu führen, dass das Kind sich eingeschüchtert und überfordert fühlt. Erwarten Sie deshalb nicht, dass Ihr Kind in jedem Schulfach und in jeder Lebensphase gleichmäßig erfolgreich ist. Wenn Ihr Kind Selbstbewusstsein und Ehrgeiz in einem Schulfach zeigt, demonstrieren Sie Ihr Vertrauen und Ihre Zuversicht – wenn es sich in einem anderen Fach unsicher fühlt und in der Vergangenheit Misserfolge hat, zeigen Sie sich einfühlsam und unterstützend. So weiß Ihr Kind, dass Sie seinen Lernprozess aktiv mitverfolgen, dass es aber gleichzeitig keine Enttäuschung von Ihrer Seite zu fürchten hat.

PUBERTÄT: IDENTITÄT VS. ROLLENDIFFUSION

Etwa mit dem Abschluss der Grundschulzeit hat ein Kind zunächst gelernt, wie es mit Bewertungssituationen umgehen kann und wie es auf Stress reagiert. Mit dem Eintritt in die Pubertät wird nun wieder deutlich wichtiger, welchen Platz es in einer Gruppe einnimmt und wie stark seine Beziehungen zu Freunden und vielleicht sogar Feinden sind. Nicht ohne Grund wird das pubertäre Gehirn als regelrechte Baustelle bezeichnet!

In diesem Alter entwickelt das menschliche Gehirn Myriaden von neuen Gehirnverbindungen und kappt anschließend wieder einen guten Teil, einige Gehirnareale entwickeln sich früher und schneller, andere wiederum könnten sich ebenso gut in einer kleinen Eiszeit befinden. Es bleiben weniger Verbindungen als zu Beginn bestehen, diese transportieren Informationen aber in einer höheren Geschwindigkeit. Dieser Prozess wird auch als neuronaler Darwinismus bezeichnet, weil das Gehirn damit etabliert, welche Gehirnverbindungen in Zukunft eine mehr oder wichtige Rolle spielen werden.

Das Präfrontalhirn beispielsweise ist davon besonders betroffen, weshalb sich Jugendliche normalerweise sehr schwer damit tun, ihre Arbeitszeiten zu organisieren und Aufgaben rechtzeitig auszuführen. Sein Zeitsinn wird in dieser Phase einer umgehenden Renovierung unterzogen. Ein Heranwachsender ist aus diesem Grund womöglich weniger faul, er weiß bloß einfach nicht, dringende und notwendige Aufgaben mental so einzuschätzen, wie Sie es vielleicht tun. Wichtige Entscheidungen trifft er anders als Sie: Nicht mithilfe seines Präfrontalhirns, sondern bedient sich noch besonders seiner Amygdala, welche viel mehr für instinktive Entscheidungen zuständig ist. Während diese nicht unbedingt zu schlechten Ergebnissen führen, beziehen Jugendliche die Möglichkeit negativer Konsequenzen nicht in ihren Entscheidungsprozess ein. Aus diesem Grund ist der Spruch „Darüber habe ich nicht nachgedacht!" viel näher an der Wahrheit, als Sie es einem Jugendlichen in dieser Situation vielleicht abnehmen wollen würden. Es ist sinnvoller, Jugendlichen unmittelbare Boni für ausgeführte Handlungen aufzuzeigen, als eine mögliche Drohung in der fernen Zukunft anzusiedeln. Die Belohnungen müssen außerdem höher ausfallen, da Jugendliche neurologisch bedingt geringer auf Belohnungen reagieren als Erwachsene. Das erklärt, warum Jugendliche mitunter höhere Risiken eingehen, um von ihrem eigenen Gehirn mit Glücksgefühlen überhaupt erst belohnt werden zu können.

Ähnlich brutal trifft es das Sprachvermögen und das räumliche Orientierungsgefühl. Zwischen dem zwölften und dem achtzehnten Lebensjahr können Jugendliche nur eingeschränkt die Gefühle ihrer Mitmenschen erkennen, was erklärt, warum manche so vollkommen versunken in ihre eigene Gefühlswelt wirken. Die eigene Sexualität wird entdeckt und mag zu großer Verwirrung und Unsicherheit führen. Will ich überhaupt attraktiv gefunden werden, und wenn ja, von wem? Finde ich diese Person überhaupt attraktiv? Will ich bereits erwachsen sein, mit allen Nachteilen, die das Erwachsensein mit sich bringt? Mit anderen Worten: Das jugendliche Gehirn befindet sich im Chaos und muss dabei trotzdem kognitive wie emotionale Schwerstarbeit leisten. An diesem Punkt werden frühere Konflikte wieder aufgegriffen und neu bewertet: Kann ich meiner Familie und meinen Freunden wirklich vertrauen? Gibt es vielleicht etwas an mir, wofür ich mich schämen sollte? Bin ich fähig genug, bestimmte Dinge zu erreichen, oder genüge ich vielleicht den schulischen und sozialen Anforderungen nicht? Dies ist keinesfalls ein Rückschritt in die Kindheit, sondern ein nötiger Schritt, damit der Sprung ins Erwachsenenleben gelingen kann. Ein Jugendlicher ist nun einmal kein Kind mehr, welches für sein Überleben auf blindes Vertrauen angewiesen ist. Er hat nun einen größeren Erfahrungsschatz, sieht die Welt durchaus komplexer und weiß, dass er seine Beziehungen wieder neu verhandeln muss. An diesem Punkt muss er alle seine inneren Konflikte aufgreifen und sie miteinander vereinbaren, damit sich daraus greifbare Erwartungen, Ängste, Hoffnungen, sprich: eine Identität, entwickeln kann. Jugendliche verstehen nun, dass ihr Umgang mit Problemen und Krisen damit vergleichbar ist, auf welche Weise Erwachsene mit ihren eigenen Problemen und Krisen umgehen.

Die große innerliche Herausforderung in dieser Phase ist, dass das Verständnis von sozialen Rollen nicht stabil genug ist. Jugendliche zweifeln daran, wer sie sind und was sie anderen bedeuten. Aus diesem Grund orientieren sie sich an bestimmten Rollen, welche ihnen vorgegeben und vorgelebt werden, und definieren sich über verschiedene Gruppen, zu denen sie gehören (wollen). Solche sozialen Gruppen demonstrieren ihren Zusammenhalt nach außen, indem sie ganz bestimmte äußerliche Gemeinsamkeiten z. B. durch Modetrends, sprachliche Muster oder Frisuren verfolgen und ihren innerlichen Zusammenhalt etwa durch gemeinsame Feindbilder und Intoleranz gegenüber Außenstehenden bestätigen.

Aus diesem Grund suchen Jugendliche den Konflikt auch mit eigentlich Nahestehenden wie Familienangehörigen und Kindheitsfreunden, weil diese womöglich nicht zur jugendlichen Subkultur gehören, über die sie sich so stark identifizieren. Wenn Vertrauenspersonen plötzlich zum Gegner auserkoren werden, liegt das vor allem daran, dass ein Jugendlicher diesen Konflikt benötigt, um sich im Spiegel zu sehen und ein Gefühl für seine eigene Identität zu entwickeln. Jugendliche wollen in diesem Alter vor allem wissen, zu wem und aus welchem Grund sie loyal sein wollen. Dafür müssen sie erst einmal ein Verständnis dafür entwickeln, was ihre Persönlichkeit ausmacht und welche persönlichen Grenzen nicht überschritten werden dürfen, damit ein gegenseitiges Vertrauensverhältnis bestehen bleibt.

<u>Was in dieser Phase besonders hilfreich ist:</u>

✓ **Wahren Sie die Stabilität, die Ihrem Heranwachsenden bereits vertraut ist.** In Krisensituationen brauchen wir einen Anker, an dem wir uns festhalten können und der uns Orientierung gibt. In diesem Fall bedeutet das für Sie, dass Sie an regelmäßigen und vertrauten Abläufen festhalten. Zu solchen Abläufen gehören zum Beispiel feste Rituale wie gemeinsame Abendessen oder Uhrzeiten, zu denen Ihr Kind schlafen sollte. Natürlich ist dabei zu berücksichtigen, dass Sechzehnjährige nun einmal gern Zeit mit ihren Freunden verbringen oder biologisch gesehen deutlich später müde werden als ihre zehnjährige Schwester. Wählen Sie also Ihrer familiären Situation entsprechend aus, auf welche bestehenden Rituale und Regeln Sie Wert legen wollen. Wichtig ist, dass Ihr Kind sein Zuhause als einen Ort der Stabilität wahrnimmt, an dem bestimmte Konsequenzen und Ansprechpartner erwartbar sind.

✓ **Räumen Sie Ihrem Heranwachsenden genügend Raum ein, um innerliche Konflikte zu bewältigen.** Akzeptieren Sie, dass Sie an diesem entwicklungspsychologischen Punkt Ihre besondere Stellung als Autoritätsperson hinterfragen lassen müssen.

Für Jugendliche nimmt besonderen Stellenwert ein, welche Meinungen ihre Freunde und Altersgenossen vertreten, und diese werden zweifellos mit Ihren eigenen Meinungen in Konflikt geraten. Heranwachsende müssen physische und emotionale Rückzugsorte haben, an denen sie ihre inneren Konflikte durchdenken und verarbeiten können. Es muss also auch bestimmte Dinge geben, die außerhalb Ihrer unmittelbaren Kontrolle liegen. Reagieren Sie darauf mit Würde und Geduld und zeigen Sie Ihrem Kind, dass Sie ihm vertrauen. Somit weiß es, dass Sie seine reiferen Bedürfnisse ernst nehmen und wird sich Ihnen eher zuwenden, wenn es Zweifel oder Unsicherheit verspürt.

✓ **Vermitteln Sie Ihrem Heranwachsenden, dass er von Gruppenmeinungen abweichen kann.** Gruppenzugehörigkeiten werden sich im Laufe des menschlichen Lebens voraussichtlich mehrmals ändern und Cliquen leben sowohl vom äußeren als auch vom inneren Konflikt. Jugendliche müssen lernen, dass sie auch dann Freunde bleiben können, wenn sie Dinge als unterschiedlich wichtig einschätzen und ihre Meinungen sich nicht einhundertprozentig decken. Das ist eine wichtige Voraussetzung dafür, um Toleranz für Menschen außerhalb der eigenen Gruppe zu entwickeln und mit Differenzen leben zu können. Allerdings sind Sie als Elternteil davon nicht ausgenommen! Tolerieren Sie, dass Ihr Kind angemessene Kritik an Ihnen übt. So lernt es, dass alle Autoritäten transparente Entscheidungen fällen müssen, um Respekt zu fordern. Ihre Beziehung wird dadurch gefestigt, wie Sie mit auftauchenden Meinungsunterschieden umzugehen wissen. Spiegeln Sie Ihrem Kind, dass es auf diese Weise seine eigenen Meinungen und seine eigene Identität vertreten und gleichzeitig Unterstützung und Wertschätzung erfahren kann.

JUNGES ERWACHSENSEIN: IDENTITÄT VS. ISOLIERUNG

Sobald die Pubertät abgeschlossen ist (was übrigens noch bis zu den frühen Zwanzigern dauern kann), sprechen wir vom Erwachsensein. Mit achtzehn sind wir gesetzlich gesehen für uns selbst vollkommen verantwortlich und genießen die Freiheit, aber auch die Last unserer Entscheidungen. Seien es nun erste Berufserfahrungen, tiefere romantische Beziehungen oder der eigentliche Lebensweg, den wir nun einschlagen wollen, ... mit dieser Lebensphase gehen konkrete Herausforderungen einher, die zeigen, dass wir auch in unser Erwachsenenleben erst hineinwachsen müssen. Diese neue Selbstfindungsphase dauert gut und gern bis zum 40. Lebensjahr an. Fachlich gesehen verlassen die folgenden drei Lebensphasen den traditionellen Boden der Entwicklungspsychologie, weil diese sich eher auf die kindliche und jugendliche Entwicklung bezieht. Es wäre jedoch ein großer Fehler, die menschliche Beziehung mit der Pubertät als abgeschlossen zu betrachten. Auch bei einem ausgeprägten Sinn für die eigene Identität durchläuft der Mensch immer wieder innere Krisen, die seine Entscheidungen und persönlichen Beziehungen auf die Probe stellen.

In dieser Lebensphase zeigt sich, ob die vorangegangenen Konflikte bewältigt wurden – denn nur durch Vertrauen, Autonomie, Zuversicht und Loyalität wird ermöglicht, dass ein Erwachsener Intimität verspüren und aufbauen kann. Gesunde, intime Beziehungen bestehen darin, dass Erwachsene ihr Leben miteinander teilen, ohne dass sie sich in ihren Identitäten gefährdet fühlen. Wer eine starke eigene Identität hat, ist Eriksons Untersuchungen zufolge eher in der Lage, eine gesunde sexuelle und/oder intellektuelle Intimität aufzubauen und diese gegen äußere Bedrohungen zu verteidigen. Von dieser Beschreibung sollen sich auch Freundschaften angesprochen fühlen, die keinerlei romantische Komponente besitzen. Die Stichwörter „Intimität" und „Liebe" sind ganz entscheidende Zutaten, um im Erwachsenenalter ausdauernde und nachsichtige Freundschaften aufzubauen.

In der Psychologie gibt es abweichende Positionen, was nun zuerst ausgebildet wird, die eigene Identität oder die Fähigkeit zur Intimität. Der US-amerikanische Psychologe Harry Stack Sullivan etwa ging davon aus, dass wir unsere Identität erst auf Basis unserer Beziehungen mit anderen Menschen entwickeln, was Erikson deutlicher in der vorangegangenen Entwicklungsphase der Jugend ansiedelt. Worin sich beide einig sind, ist die Tatsache, dass eine persönliche Weiterentwicklung nicht allein fertiggebracht werden kann. Wir sind dafür auf andere Menschen angewiesen.

Die Fähigkeit zur Intimität ist die direkte Voraussetzung dafür, um ein Gefühl der Liebe empfinden und zeigen können. Liebe ist laut Erikson unsere Fähigkeit, einen anderen Menschen in seiner Unterschiedlichkeit akzeptieren zu können. Anders als bloße Zuneigung, die stets das Gemeinsame sucht, kann Liebe nur aus der Einsicht und Wertschätzung für die Unterschiede zwischen einem selbst und dem anderen entstehen. Liebe besteht außerdem in der Fähigkeit, unsere eigenen Bedürfnisse in den Hintergrund zu stellen, um den Bedürfnissen des anderen gerecht zu werden, während gleichzeitig die individuellen Limits verstanden und respektiert werden. Wer diese Fähigkeit nicht erlernt, wird andere stets als Bedrohung wahrnehmen, selbst wenn diese eigentlich zu unseren Vertrauten gehören sollten. Als Reaktion auf diese Bedrohung zieht sich der Betreffende in seine eigene Identität zurück und scheut sich davor, vertrautes Terrain zu verlassen – selbst dann, wenn diese Zurückgezogenheit einen von echter Intimität und Liebe abhalten mag.

Was in dieser Phase besonders hilfreich ist:

✓ **Gehen Sie Risiken ein.** Sich auf einen anderen Menschen einzulassen, erfordert einigen Mut und die Bereitschaft, Fehler zu machen. An diesem Punkt sollten Sie ein Gespür für Ihre eigenen Bedürfnisse haben und wissen, dass fehlgeschlagene Beziehungen nichts über Ihre generelle Qualität als Mensch aussagen. Sie können allerdings nichts gewinnen, ohne etwas zu wagen. Seien Sie bereit, den Reiz des anderen in Ihrem Partner zu entdecken, und verstehen Sie mögliche Konflikte als eine Chance, miteinander zu reifen.

✓ **Unterscheiden Sie zwischen überwindbaren und unüberwindbaren Differenzen.** Wenn Sie wahre Intimität aufbauen wollen, darf das nicht bedeuten, dass Sie Ihre eigenen Wünsche zugunsten des anderen vollkommen vernachlässigen. Eine reife Beziehung bedeutet, Kompromisse einzugehen, und Kompromisse dürfen nicht dauerhaft auf Kosten einer einzigen Person geschehen. Wenn Sie das Bedürfnis haben, über Ihre Sorgen zu sprechen, Ihr Partner sich aber davon abschottet und seine Probleme stumm verleugnet, so wird Ihre gemeinsame Kommunikation davon in Mitleidenschaft gezogen. Stellen Sie fest, welche Unterschiede zwischen Ihnen und Ihrem Partner gewollt und akzeptiert sind und welche Unterschiede Ihre Beziehung zu untergraben drohen. Besprechen Sie diese im gegenseitigen Vertrauen mit Ihrem Partner, um zu überprüfen, ob diese Unterschiede wirklich unüberwindbar sind.

REIFES ERWACHSENSEIN: GENERATIVITÄT VS. STAGNATION

Mit dem mittleren Alter, d. h. etwa vom 40. Lebensjahr bis zum Austritt aus dem Berufsleben, kann von einem reifen Erwachsensein gesprochen werden. Der Begriff „Generativität" bedeutet die Fähigkeit, anderen Personen in ihren eigenen Krisen zu helfen und sie mit klugem Rat unterstützen zu können. Dies erfordert ein gefestigtes Selbstverständnis und einen reichen Schatz an Lebenserfahrungen, die man im Prozess von Erfolgen und Misserfolgen gesammelt hat. Dazu gehören auch reifere sexuelle Erfahrungen und die Fähigkeit, die sexuellen wie romantischen Bedürfnisse seines Partners vollständig zu befriedigen.

Unabhängig von der eigenen Profession wird der Erwachsene damit zum Lehrer und Ansprechpartner für jüngere Generationen und inspiriert diese zu neuen Einsichten. Gerade an diesem Punkt zeigt sich, ob die Fähigkeit zur Intimität zuvor gemeistert wurde, denn aus der Kombination verschiedener Persönlichkeiten ergibt sich die bestmögliche Stabilität und der größte Fundus an anbietbaren Problemlösungen. Besonders gut erkennbar ist dies nach der Familiengründung, in der die Bedürfnisse von Kleinkindern das betreffende Paar auf besondere Art und Weise auf die Probe stellen. Dann wird ein Grundstein für das Selbstverständnis gelegt, der erst wieder infrage gestellt wird, wenn die Kinder das Haus endgültig verlassen und man sich außerhalb seiner Elternrolle neu erfinden muss. Das gilt allerdings auch für Menschen, die keine Kinder oder Partner haben und im Alltag mit jüngeren Generationen in Kontakt geraten. Im Prinzip ist es jedem Menschen möglich und für seine Psyche sogar förderlich, wenn er die Möglichkeit hat, Jüngere zu inspirieren und durch jüngere Menschen neue Impulse aufzugreifen. Wer diese Anregung auf alltäglicher Basis nicht finden kann, hat beispielsweise die Möglichkeit, einen Abendkurs zu belegen oder ein Ehrenamt auszuüben – Hauptsache, man verlässt von Zeit zu Zeit seinen gewohnten Tagesablauf und ist bereit, etwas Neues zu lernen.

Unter dem Begriff der Stagnation verstehen wir ein Stehenbleiben und Verweilen bei unseren eigenen Problemen. Wer keine Bereitschaft zur Intimität zeigt, kann sich nicht im regelmäßigen Austausch mit anderen Standpunkten befinden und beharrt deshalb auf seinen eigenen Überzeugungen als einzig annehmbare Lösungen. Wer in seiner Entwicklung stagniert, kann dementsprechend weniger von seinem Erfahrungsschatz weitergeben und diesen ebenso wenig durch neue Denkanstöße bereichern. Stagnierte Erwachsene empfinden sich selbst häufig als dekonstruktiv, weil sie durch ihre mangelnde Austauschbereitschaft auch deutlich weniger positives Feedback erhalten. Ohne den Blick nach vorn fehlt ihnen eine gewisse Zukunftsorientierung, die ihnen genug Selbstbewusstsein verschaffen könnte, um in Würde zu altern. Man mag diese Phase auch in Verbindung mit einer wiederbeginnenden Schwächung sehen:

Obwohl man viele Erfahrungen gesammelt hat und aus diesen seine Lehren gezogen hat, verliert man zunehmend an Einfluss auf das Leben seiner Kinder oder auf Kollegen, die nun selbst zu gefestigten Erwachsenen heranreifen. Vielleicht macht einem der Körper nun altersbedingt zu schaffen und man ist sich dessen bewusst, dass man in absehbarer Zeit auf die Hilfe anderer angewiesen sein wird. Aus diesem Grund ist es umso wichtiger, mit Zuversicht in die Zukunft zu blicken und zu wissen, auf welche Beziehungen man sich in der eigenen Krisensituation verlassen darf.

<u>Was in dieser Phase besonders hilfreich ist:</u>

✓ **Verstehen Sie Ihre Rolle als Ratgeber/in lediglich als Teilzeitbeschäftigung.** Sie übernehmen nun eine wichtige Rolle in Ihrem sozialen Gefüge als (Groß-)Elternteil, welcher gern um Hilfe gebeten wird. Seien Sie sich jedoch dessen bewusst, dass Ratschläge umso eher wertgeschätzt werden, wenn sie erst auf Anfrage gemacht werden. Sie sollten als eine Autorität auftreten, deren Urteil nicht gefürchtet, sondern geachtet wird. Seien Sie außerdem offen für neue Anregungen, auch wenn diese von Menschen kommen, deren Lebenserfahrung geringer sein mag als Ihre. Sie sind das einzigartige Resultat Ihrer komplexen Beziehungen, Krisen und persönlichen Überzeugungen, weshalb andere Perspektiven ebenso einzigartig sind und Ihnen vielleicht somit Einsichten verschaffen, die Ihnen ansonsten verschlossen geblieben wären. Denken Sie daran, dass Sie auf Ihren eigenen Bedürfnissen bestehen und ein erfülltes Leben außerhalb Ihrer Rolle als Ratgeber/in führen sollten, um im Gegenzug Ratschläge machen zu können, die aus einer Position der Ruhe und Zufriedenheit kommen.

✓ **Wählen Sie Ihren Rat wohlüberlegt aus.** Bedenken Sie, dass Sie sich wahrscheinlich in einer ganz anderen Lebensphase befinden, als es der Fall für Ihren Gesprächspartner ist. Probleme, die Sie gemeistert haben, befinden sich vielleicht noch gar nicht auf dessen Radar. Versetzen Sie sich in die Lage des anderen, indem Sie bedenken, welche Krisen Sie persönlich, aber auch im Kontext Ihrer psychologischen Entwicklung durchlaufen haben. Was hat Ihnen dabei geholfen, diese zu überstehen? Denken Sie an vorangegangene Personen, denen Sie vertraut haben und zu denen Sie aufgeblickt haben. Orientieren Sie sich an Ihrer Vorstellung davon, was diese Personen zu Vertrauenspersonen gemacht hat und mit welchem Respekt Sie von diesen behandelt wurden.

SPÄTES ERWACHSENSEIN: ICH-INTEGRITÄT VS. VERZWEIFLUNG

Als spätes Erwachsenenalter bezeichne ich grundsätzlich die letzte Lebensphase, welche etwa mit dem Eintritt ins Rentenalter beginnt und bis zum Lebensende andauert. In dieser Phase wird nun auf die Probe gestellt, mit welchem Selbstverständnis man unmittelbare Krisen angeht und wie man auf Gefühle der Hilflosigkeit zu reagieren vermag.

Im späten Erwachsenenalter sollte man bereit sein, seine eigene Würde gegen alle physischen Bedrohungen (z. B. körperliche Schwäche) und finanziellen Bedrohungen zu verteidigen. Der Erwachsene blickt nun außerdem auf sein Leben als eine Verkettung vielfältiger Ereignisse zurück und begreift deren Zusammenhänge aus einer viel tieferen Perspektive, worunter der Begriff der Ich-Integrität verstanden wird. Die größte Herausforderung besteht darin, diese auch in ihren Mängeln für sich zu akzeptieren und Reuegefühle beizulegen. Mit dieser Erkenntnis geht eine ultimative Weisheit einher, die dadurch definiert wird, dass man seine eigene Rolle in der Welt und die Rolle der Menschheit im Ganzen versteht. Mithilfe dieser Weisheit ist man schließlich in der Lage, dem Tod ohne Angst entgegenzublicken und diesen als solchen anzunehmen.

Der große Schwachpunkt des Menschen besteht an diesem Punkt darin, Dinge loslassen zu können – schließlich haben wir bisher gelernt, dass wir stets die Möglichkeit haben, unser Verhalten zu revidieren und aus unseren Fehlern zu lernen. Es bleiben allerdings häufig Fehler, die wir nicht von ihrer letztendlich hilfreichen Seite sehen, sondern zutiefst bereuen. Für manche besteht dieser Fehler vielleicht in einer nach–

teiligen beruflichen Entscheidung, im hartnäckigen Konflikt mit unseren Kindern oder im Verlust eines liebgewonnenen Menschen. Im hohen Alter wird es jedoch nahezu unmöglich, Dinge praktisch ungeschehen zu machen. Wer sich von diesem Wunsch dennoch überwältigen lässt, läuft Gefahr, innerlich an sich selbst zu verzweifeln. Das Selbstwertgefühl wird durch diese Verzweiflung untergraben und vermehrt dagegen nur noch eine bestehende Furcht vor dem Tod, da man diesen als Gegenspieler seiner unerfüllten Wünsche betrachtet und sich aktiv gegen die eigentlich wünschenswerte Akzeptanz des eigenen Lebensweges wehrt. Es ist wichtig, ein klares Bild von sich selbst zu haben, um dieser Angst entgegenzuwirken und ein erfülltes Leben zu führen. Eriksons einprägsamste Aussage besteht darin: „Wer als Kind lernt, das Leben nicht zu fürchten, wird als Erwachsener auch den Tod nicht fürchten."

Was in dieser Phase hilfreich ist:

✓ **Nehmen Sie die Mängel in Ihrem Leben als Resultat Ihrer Handlungen an.** Die wenigsten Dinge auf diesem Planeten sind perfekt. Keiner von uns wird als Lebensexperte geboren, sondern improvisiert, wo er keinen Rat weiß.

✓ Sie haben zweifellos Entscheidungen getroffen, die sich im Nachhinein als gut und richtig herausgestellt haben, aber das konnten Sie im entsprechenden Moment nicht einhundertprozentig wissen. Besinnen Sie sich auf die Faktoren zurück, die Ihre damalige Entscheidung beeinflusst haben. Begreifen Sie Ihr Leben als einen langjährigen Prozess und zeigen Sie Nachsicht für Ihr jüngeres Ich.

✓ **Fertigen Sie eine Liste der Dinge an, die Sie als persönliche Erfolge und persönliche Fehler betrachten.** Bekannterweise benötigen wir für jede an uns geübte Kritik mindestens fünf Komplimente, um dem negativen Effekt der Verunsicherung entgegenzuwirken. So geht es uns auch mit den Dingen, die wir bereuen – wir haben einen Tunnelblick entwickelt und sehen nicht mehr, welche Erfolge es eigentlich zu feiern gilt. Führen Sie sich vor Augen, was Sie bisher im Leben erreicht haben und was es gebraucht hat, um Krisen erfolgreich zu bewältigen. Indem Sie die Meilensteine Ihres Lebens geistig noch einmal passieren, werden sich vielleicht aus einer zuversichtlicheren Perspektive einige Einsichten ergeben, die Ihnen dabei helfen, mit Ihren begangenen Fehlern umzugehen. Es ist sogar recht wahrscheinlich, dass Sie zwischen

unveränderlichen und veränderlichen Fehlern zu diffe-
renzieren beginnen werden. Welche diese sind, können nur Sie beurteilen – allerdings haben Sie immer die
Möglichkeit, eine bestimmte Person anzurufen, eine
lange gehegte Leidenschaft auszuleben oder die Reise
zu unternehmen, vor der Sie sich in jüngeren Jahren
stets gescheut haben. Nutzen Sie Ihre Lebenserfahrung, um Ihre früheren Ängste beizulegen, und haben
Sie den Mut, etwas nicht perfekt zu machen, aber diesen Schritt trotzdem zu wagen.

Was Sie lebenslang von inneren Konflikten lernen können

Jetzt haben Sie einen guten Überblick darüber gewonnen, welche inneren Konflikte unsere weitere Entwicklung dominieren und beeinflussen. Vielleicht erkennen Sie einige Krisen wieder, die Sie bereits durchlaufen haben und vergegenwärtigen sich gerade, von welcher Art von Unterstützung Sie an diesem Punkt in Ihrer Entwicklung am meisten profitiert hätten. Es wäre auch verständlich, wenn Sie sich vom Begriff „Konflikt" ein bisschen erschlagen fühlten und nun das Gefühl hätten, das Leben wäre ein einziger Kampf, den es mit sich selbst auszutragen gilt. Eriksons Modell liest sich ein bisschen wie ein Bildungsroman, in dem der Held bittere Schlachten führt und über philosophischen Fragestellungen grübelt, bis ihm der Kopf raucht.

Halten Sie einen Moment inne und erinnern Sie sich an den Anfang dieses Ratgebers, wo ausgeführt wurde, dass eine klare Abgrenzung von Entwicklungsphasen schwieriger ist als zum Beispiel bei der Untersuchung von Bäumen oder Schmetterlingen. Psychologen behelfen sich, indem sie Menschen in bestimmten Lebensaltern beobachten und anschließend ein zentrales Interessengebiet für ein spezifisches Lebensalter identifizieren. Zweifellos werden Ihnen bestimmte Aspekte dieser Theorie auch durch Ihre eigene Lebenserfahrung vertraut vorkommen, zum Beispiel, dass Kinder in einem bestimmten Alter besonders kreative Ängste entwickeln oder dass auch im Erwachsenenalter zum Beispiel durch Scheidungen, berufliche Veränderungen oder den Auszug der Kinder Lebensumbrüche stattfinden, die einem unter Umständen eine völlige Neuorientierung und Neuerfindung abverlangen. Vielleicht ist Ihr bisheriges Leben auch eine Verkettung von sehr speziellen und kreativen Ereignissen gewesen, welche einem „klassischen" Lebenslauf nun so gar nicht entsprechen. Vielleicht haben Sie mit bestimmten Konflikten niemals kämpfen müssen und dafür aber mit anderen Herausforderungen gehadert, von denen Sie den Eindruck hatten, dass Sie mit ihnen alleingelassen wurden.

Betrachten Sie den obigen Leitfaden viel mehr als eine fantastische Reise. Manchmal werden Sie jahrelang von Freunden und Vertrauten begleitet, auf manchen Wegabschnitten wirkt es wiederum so, als wären Sie schon seit Ewigkeiten allein unterwegs. Manchmal treffen Sie auf interessante Menschen, die Sie herausfordern und vielleicht auch zur Weißglut bringen. Die meiste Zeit befinden Sie sich auf einem breiten, vertrauten Pfad. An manchen Stellen ergibt sich jedoch eine Weggabelung, ein gewundener, enger Pfad, den Sie nicht kennen und der vielleicht unbekannte Gefahren in sich birgt. Sie können nicht wissen, was Sie am anderen Ende des Pfades erwartet, und später umkehren zu wollen, wird bestimmt ein schwieriges Unterfangen. Diese beiden Pfade stehen für die acht Konflikte, die sich laut Eriksons Modell während Ihres Lebens ergeben. Der breite Pfad symbolisiert vertraute

Situationen und Denkmuster. Er ist bequem, weil er nach keinen Änderungen verlangt, und er führt langsam nach unten, weil er für Sie eine unerwartete Falle darstellen kann.

Wenn Sie von Anfang an Menschen misstrauen, an Ihren eigenen Fähigkeiten zweifeln, sich aktiv isolieren und an Ihren Misserfolgen verzweifeln, sind Sie letztendlich allein. Ihre einzige Möglichkeit besteht darin, dass Sie verstehen, warum der bequeme Pfad allmählich gefährlich für Sie wird. Sobald sich eine Weggabelung öffnet, sollten Sie in Erwägung ziehen, den unbekannten Pfad zu betreten. Es erfordert einiges an Mut, Vertrauen zu zeigen, wenn es zuvor an anderer Stelle enttäuscht wurde; aktiv zu handeln und Verantwortung für sein Handeln zu übernehmen, wenn man sich zuvor als Spielball anderer gesehen hat; „Nein" zu sagen und seinen eigenen Weg zu gehen, wenn man früher als immer verfügbare Stütze betrachtet wurde. Es verlangt außerdem keiner von Ihnen, dass Sie sich zu einer grundlegend optimistischen und zuversichtlichen Person ändern, wenn Ihnen diese Charaktereigenschaften eigentlich ziemlich fremd vorkommen. Auch Erikson räumt schließlich ein, dass unsere genetischen Anlagen eine Rolle bei unserer Entwicklung spielen, und ein guter Teil der Bevölkerung wächst als natürliche Skeptiker heran, die dadurch vor potenzieller Naivität und Ausnutzung bewahrt werden.

Sie sollen nicht vergessen müssen, wenn Ihnen andere Menschen zuvor Unrecht angetan haben – wenn Sie sich aber einen automatischen Schutzpanzer zulegen, wird niemand die Chance bekommen, Ihnen vielleicht das genaue Gegenteil zu beweisen. Eriksons Unterscheidung zwischen zwei Polen bedeutet nicht, dass ein Mensch einen dieser Pole vollkommen erreichen sollte. Vielmehr versteht er jeden betreffenden inneren Konflikt als eine Skala wie einen persönlichen Test, den Sie durchlaufen und an dessen Ende Sie Ihr Ergebnis bekommen. Vielleicht vertrauen Sie in durchschnittlich 40 % aller Testsituationen und sind deswegen überwiegend, aber nicht grundsätzlich misstrauisch. Während das bedeutet, dass Sie anderen Menschen offen gegenüberstehen können, mag vielleicht im Gegenzug Ihre Einstellung zu Ihren eigenen Fähigkeiten darunter leiden, weil Sie sich selbst misstrauen.

In der Entwicklungspsychologie existiert das sogenannte Selbstbewertungsmodell der Leistungsmotivation, in dem zwischen zwei Arten von Menschen unterschieden wird. Der eine wählt realistisch machbare Aufgaben, führt seinen Erfolg auf die eigene Leistung und Fähigkeit zurück und ist am Ende einer Aufgabe generell mit sich selbst zufrieden. Solche Menschen werden als erfolgsorientierte Menschen bezeichnet. Der andere hingegen wählt entweder besonders leichte oder besonders schwere Aufgaben, bei denen das volle Fähigkeitspotenzial entweder kaum ausgereizt oder völlig überlastet wird.

Wenn diese Aufgabe erfolgreich bewältigt wurde, führt dieser Mensch seinen Erfolg auf pures Glück oder Zufall zurück; wenn die Aufgabe misslungen ist, zuckt der Mensch mit den Achseln und sagt: „Ich konnte das sowieso nicht." Er ist grundsätzlich mit seinen eigenen Leistungen unzufrieden, weshalb solche Menschen auch als misserfolgsorientierte Menschen bezeichnet werden. Warum tun sich Misserfolgsorientierte einen solchen psychischen Druck an? Möglicherweise haben sie niemals gelernt, ihre eigenen Fähigkeiten realistisch einzuschätzen oder haben eine solche Angst zu versagen, dass sie sich lieber einer herausfordernden Situation verweigern, als den Versuch zu starten und weniger als perfekt zu sein.

Solche Ängste haben etwas mit einem mangelnden Vertrauen in sich selbst zu tun. Es gilt: Sich selbst vertrauen zu lehren, ist viel einfacher, wenn man weiß, wie man anderen Menschen vertrauen kann. Die meisten Personen, die regelmäßig mit sich selbst hart ins

Gericht gehen, würden niemals auf diese Weise mit einem Freund sprechen, der sich in einer ähnlichen Situation befindet. Arbeiten Sie sich langsam an Projekte und Aufgaben heran, von denen Sie glauben, dass Sie sie bezwingen können. Lassen Sie sich anschließend davon überraschen, wozu Sie fähig sind, und gehen Sie das nächste Mal einen Schritt weiter. Sie werden erstaunt sein, welche persönlichen Gipfel Sie bezwingen können, wenn Sie den Mut haben, den Aufstieg zu wagen.

Denken Sie daran, dass die menschliche Entwicklung keineswegs mit dem Eintritt ins Erwachsenenalter endet. Jeder Umbruch, jede Veränderung in Ihrem Leben stellt auf die Probe, was Sie bisher gelernt haben und welche Unterstützung Sie in Krisensituationen erfahren. Sie erinnern sich gut daran, was Sie in Ihrer Kindheit gebraucht haben und was Sie vielleicht niemals bekommen haben. Führen Sie sich die Warnung aus der letzten Lebensphase vor Augen und bedauern Sie keine verpassten Gelegenheiten, die Sie immer noch nachholen können. Achten Sie darauf, dass Ihnen Ihr persönliches Umfeld ungefähr so viel zurückgibt, wie Sie es tagtäglich weitergeben. Gute Netzwerke und langwährende, intime Freundschaften sind ebenso wichtig für Ihre tagtägliche Psyche wie das Suchen von neuen Herausforderungen, Situationen und Menschen. Ihr Gehirn besitzt selbst im fortgeschrittenen Alter noch eine gewisse Plastizität und ist dementsprechend für neue Erfahrungen durchaus empfänglich. Suchen Sie Anregungen außerhalb Ihrer Komfortzone und seien Sie sich dessen bewusst, dass Ihr Selbstwertgefühl Misserfolge ertragen und mit gewisser Reife hinter sich bringen kann.

Nehmen Sie aus Eriksons Entwicklungsmodell die Einsicht mit, dass jede Herausforderung im Kern die Chance zur Verbesserung in sich trägt. An manchen Tagen stehen Sie am anderen Ende eines auszutragenden Konfliktes und haben vielleicht mit einem Jugendlichen zu tun, der Ihre Überzeugungen und Regeln grundsätzlich ablehnt und sich Ihrem Überzeugungsvermögen absolut verweigert. Sie wissen jedoch, dass hierbei Ihre Beziehung im Vordergrund steht. Entscheidend ist, inwiefern Sie Ihr Gegenüber als Menschen wertschätzen und respektieren, sodass Sie in der Lage sind, Kompromisse einzugehen oder vielleicht auch nur einfach Ihre Entscheidung transparent darzulegen und es dabei zu belassen. Wenn Ihre Beziehung ein starkes Fundament besitzt, so wird sie jede Herausforderung überstehen und durch diese nur noch unerschütterlicher werden.

Erikson vertrat eine optimistische Sicht auf das Leben, indem er wiederholt darauf aufmerksam machte, dass kein Konflikt wirklich verloren ist. Jeder Konflikt, den ein Kind mit sich austrägt, ist eine Gelegenheit, dieses Kind mit Zuversicht und Vertrauen zu unterstützen und dessen Erfolge hautnah mitzuverfolgen. Indem Sie üben, Ihre Perspektive als Erwachsene/r für einen Moment zu verlassen und die Sichtweise eines Kindes einzunehmen, werden Sie viel wahrscheinlicher in der Lage sein, dieses Kind in seinen Unsicherheiten weiterzuhelfen und zu verstehen, dass es keineswegs unfertig ist, sondern einfach nur zurzeit einen anderen inneren Konflikt mit sich austrägt, als Sie es gerade tun. Im Grunde genommen, haben Sie das mit jedem Kind gemeinsam.

Denken Sie abschließend an Eriksons Ausspruch, mit dem er einprägsam zusammenfasste, worauf es bei der Erziehung eines jeden Menschen ankommt: „Wer als Kind lernt, das Leben nicht zu fürchten, wird als Erwachsener auch den Tod nicht fürchten." In diesem Sinne: Zeigen Sie Ihrem Kind, dass es seine Ängste überwinden kann, und es wird später in der Lage sein, diese mit Zuversicht zu meistern.

Herstellung und Verlag:
BoD – Books on Demand, Norderstedt
ISBN: 9783753425511

1. Auflage
Kontakt: Psiana eCom UG/ Berumer Str. 44/ 26844 Jemgum
Covergestaltung: Fenna Larsson
Coverfoto: depositphotos.com